Marcus Tullius

PASTORAL DA COMUNICAÇÃO EM CHAVE SINODAL

Direção editorial:	Edvaldo Manoel Araújo, C.Ss.R.
Conselho editorial:	Domingos Sávio da Silva, C.Ss.R.
	Jônata Schneider de Andrade, C.Ss.R.
	Lucas Emanuel Almeida, C.Ss.R.
	Márcio Fabri dos Anjos, C.Ss.R.
	Marco Lucas Tomaz, C.Ss.R.
	Thiago Costa Alves de Souza, C.Ss.R.
Coordenação editorial:	Ana Lúcia de Castro Leite
Copidesque:	Maria Isabel de Araújo
Diagramação e Capa:	Mauricio Pereira

Dados Internacionais de Catalogação na Publicação (CIP) de acordo com ISBD

T918p Tullius, Marcus
  Pastoral da comunicação em chave sinodal / Marcus Tullius. - Aparecida : Editora Santuário, 2024.
  88 p. ; 14cm x 21cm.

  ISBN: 978-65-5527-434-9
  ISBN: 978-65-5808-288-0 (Paulinas)

  1. Religião. 2. Cristianismo. 3. Pastoral da Comunicação. 4. Sinodalidade. 5. Igreja católica. I. Título.

2024-1723
CDD 240
CDU 24

Elaborado por Odilio Hilario Moreira Junior - CRB-8/9949

Índice para catálogo sistemático:
1. Religião : Cristianismo 240
2. Religião : Cristianismo 24

Paulinas

Rua Dona Inácia Uchoa, 62
04110-020 – São Paulo – SP (Brasil)
Tel.: (11) 2125-3500
paulinas.com.br – editora@paulinas.com.br
Telemarketing e SAC: 0800-7010081

Direção Geral: Ágda França
Editora responsável: Maria Goretti de Oliveira

Todos os direitos reservados à **EDITORA SANTUÁRIO** – 2024

Rua Pe. Claro Monteiro, 342 – 12570-045 – Aparecida-SP
Tel.: 12 3104-2000 – Televendas: 0800 - 0 16 00 04
www.editorasantuario.com.br
vendas@editorasantuario.com.br

Sumário

Apresentação..5
Introdução 9

1. Comunicação e sinodalidade: a primazia
   da escuta..13
   Propostas de ação..21

2. Pastoral da Comunicação à luz do Diretório
   de Comunicação da Igreja no Brasil...............................23
   O que é a Pastoral da Comunicação?.............................26
   Transversalidade: a natureza da Pascom..................... 30
   Desafios e oportunidades para a ação pastoral.........33
   Dicas de leitura para aprofundamento........................37

3. Os pilares para a ação da Pascom..................................39
   Espiritualidade, o que dá sentido a
   todo o trabalho... 40
   Formação para servir melhor 43
   Articulação para tecer laços e
   criar comunidades...46

Produção: o que torna visível a
ação evangelizadora 51

4. Como organizar a Pascom? 56
   Nível comunitário e paroquial 56
   Nível diocesano 57
   Nível regional 59
   Nível nacional 60
   Grupos de Trabalho 61
   Projeto de Comunicação 62

5. Três chaves de leitura para compreender a
missão do agente da Pastoral da Comunicação 71
   Não há comunicação real sem a presença
   do Espírito 71
   Carroça vazia faz mais barulho 74
   Marta ou Maria? 76

Pistas de conclusão 79
Referências importantes para a Pascom 83
   Documentos Pontifícios 83
   Documento de organismos da Santa Sé 84
   Outras referências 86

Apresentação

Comunicação e sinodalidade: caminhando juntos na missão

Caminhar juntos rumo à missão, em comunhão e participação, é o desafio lançado pelo Papa Francisco para a Igreja nestes tempos. A sinodalidade (do grego, "caminhar juntos") representa um estilo eclesial, no qual a comunicação desempenha um papel crucial, partindo da primazia da escuta.

Por isso esta obra "Pastoral da Comunicação em chave sinodal" oferece uma reflexão muito significativa sobre o papel da Pascom em uma Igreja que busca caminhar em comunhão em sua missão de anunciar o Evangelho, promovendo a participação ativa de todos os seus membros. E ninguém melhor do que Marcus Tullius para nos acompanhar nesse caminho, a partir de sua rica experiência, não só como agente da Pascom há mais de uma década, mas principalmente como o primeiro coordenador nacional dessa pastoral na história da Igreja no Brasil, desde 2018. A comunicação da Igreja no país tornou-se muito mais pastoral e muito mais sinodal com a contribuição e a liderança de Marcus Tullius.

Um dos pontos fortes deste livro é sua ênfase na escuta ativa como base para uma comunicação autenticamente cristã. O autor destaca a importância de situar as pessoas e suas experiências no centro da comunicação, valorizando suas vozes, especialmente aquelas que se encontram nas periferias geográficas, sociais e existenciais. Essa perspectiva está em plena sintonia com a visão do Papa Francisco, que convida a Igreja a ser "em saída", atenta principalmente às necessidades dos mais pobres e marginalizados.

Nesse contexto, a Pastoral da Comunicação deve ser entendida não apenas como um setor específico da Igreja, mas como uma "pastoral essencialmente sinodal", como afirma o autor. É uma pastoral chamada a ativar "um processo dinâmico que inclui a escuta atenta e o diálogo aberto" na comunidade cristã.

E o livro está estruturado de forma a proporcionar uma compreensão aprofundada e prática da Pascom nessa chave sinodal. Começamos o caminho com uma análise sobre a primazia da escuta, a fim de integrar a sinodalidade na prática comunicativa da Igreja.

Em seguida, o autor nos guia por uma releitura do Diretório de Comunicação da Igreja no Brasil, um grande marco da longa história de reflexão e prática de comunicação eclesial no país. O diretório em si mesmo é fruto de um amplo trabalho "sinodal", desde uma época em que esse termo ainda não tinha todo o significado pastoral que tem hoje.

Marcus Tullius, então, apresenta-nos os quatro pilares para a ação da Pastoral da Comunicação. Espiritualidade, formação, articulação e produção são experiências essenciais para uma ação evangelizadora fecunda. Não se trata de "compartimentos" estanques da prática pastoral da comunicação. Pelo contrário, o autor nos ajuda a entender que "a espiritualidade alimenta a alma da Pascom, a formação garante a competência técnica, a articulação amplia o alcance da mensagem e a produção materializa a comunicação em ações concretas".

A partir desses eixos, a obra ajuda a leitora e o leitor a darem início e a organizarem a Pascom em seus níveis comunitário, paroquial, diocesano, regional e nacional, incluindo grupos de trabalho e projetos de comunicação. Muitas comunidades ainda não contam com o serviço dessa pastoral e, por isso, a reflexão e as indicações de Marcus Tullius, a partir de sua longa experiência e prática, são uma grande contribuição para a formação de novas "pasconeiras" e "pasconeiros".

Em seguida, o autor nos apresenta três chaves de leitura para compreender a missão do agente da Pastoral da Comunicação. Aqui emerge uma perspectiva quase poética do autor, inspirando-se na presença do Espírito na comunicação, a fim de refletir sobre o equilíbrio entre ação e contemplação.

Por fim, olhando para o caminho que ainda está pela frente no horizonte da Pascom, Marcus Tullius apresenta alguns elementos práticos para que a comunicação seja realmente um elemento essencial para a vivência autêntica da sinodalidade. Mais do que oferecer respostas definitivas, o autor vai acendendo uma série de pequenas luzes ao longo desse caminho, a fim de ajudar aquelas pessoas que o percorrerão em meio à penumbra das muitas perguntas que certamente aparecerão em algum momento da missão da comunicação pastoral.

Por isso, convido você, leitora e leitor, a deixar-se iluminar por essas reflexões nascidas da vivência e da prática do autor, e a participar desta caminhada conjunta, rumo a uma comunicação verdadeiramente sinodal.

Moisés Sbardelotto

Introdução

A Pastoral da Comunicação (Pascom) desempenha um papel fundamental na missão evangelizadora da Igreja, especialmente quando vista através da lente da sinodalidade. Esse conceito, amplamente enfatizado pelo Papa Francisco, sublinha a importância de uma Igreja que caminha junta, promovendo a participação ativa de todos os seus membros. Sinodalidade, derivada do termo grego *"synodos"* que significa "caminhar juntos", refere-se a um estilo de Igreja que valoriza a comunhão, a participação e a missão compartilhada.

Desde 2021, o termo sinodalidade tem ganhado destaque na Igreja, sobretudo com a convocação de um sínodo pelo Papa Francisco para refletir sobre esse tema. Embora o conceito não seja novo, essa convocação trouxe à tona uma oportunidade singular para pensar a comunicação em sua relação direta com a sinodalidade. Afinal, a comunicação e a sinodalidade partilham de uma base comum: ambas envolvem a participação ativa e inclusiva de todos os membros da Igreja, visando tornar o Reino de Deus presente no mundo através da fraternidade, justiça e paz.

Neste contexto, a Pascom deve ser vista não apenas como um setor específico da Igreja, mas como uma pastoral essencialmente sinodal. A Pascom, ao integrar-se a todos os setores e serviços da Igreja, deve converter-se em um espaço permanente de escuta, pois, como nos lembra o Papa Francisco, "na ação pastoral, a obra mais importante é o apostolado do ouvido". Esse enfoque na escuta ativa é vital para uma comunicação eficaz que não só informa, mas que também promove o encontro, o diálogo e a comunhão.

A missão da Pascom, portanto, não se limita à mera transmissão de informações, mas envolve um processo dinâmico que inclui a escuta atenta e o diálogo aberto. Para que a comunicação seja autêntica, ela deve colocar as pessoas e suas experiências no centro, valorizando suas vozes, especialmente aquelas que se encontram nas periferias geográficas, sociais e existenciais. A verdadeira comunicação, como enfatiza o Papa Francisco, é aquela que constrói pontes, promove a compreensão mútua e fomenta a unidade, gerando uma cultura do encontro.

Neste livro, buscamos explorar como a Pascom pode viver sua missão dentro de uma Igreja sinodal, à luz do Diretório de Comunicação da Igreja no Brasil (DCIB), tornando-se um espaço oportuno para escuta recíproca, promovendo a participação e a comunhão, em vista da missão. Analisamos a importância da escuta na comunicação, destacando reflexões e orientações do Papa Francisco e outros documentos da Igreja. Também apresentamos propostas de ação para que a Pascom possa atuar de forma mais sinodal, promovendo uma comunicação que seja ao mesmo tempo pastoral e evangelizadora.

O que você encontrará nas páginas seguintes é fruto da experiência pessoal do autor enquanto agente da Pascom, desde o ano de 2011, e da experiência recolhida na missão de animar a Pastoral da Comunicação em nível nacional, desde 2018. Mais do que respostas, são pequenos fachos de luzes, como pequenas velas que insistem em permanecer acesas, mesmo diante dos ventos impetuosos que insistem em apagá-las.

1. Comunicação e sinodalidade: a primazia da escuta

"A Pascom envolve todos os setores a serviço da Igreja e deve viver sua missão dentro de uma Igreja verdadeiramente sinodal, convertendo-se num espaço permanente de escuta, pois, 'na ação pastoral, a obra mais importante é o apostolado do ouvido.'"[1]

Desde 2021, ouve-se na Igreja com mais frequência o termo *sinodalidade*. Embora ele não tenha sido criado neste período, o Papa Francisco joga luzes sobre esta reflexão ao convocar um sínodo para refletir sobre sinodalidade.

Este livro não é sobre o sínodo, tampouco sobre sinodalidade, mas não haveria melhor oportunidade para pensar a comunicação em sua relação direta com sinodalidade, uma vez que a palavra significa "caminhar juntos" e se refere **à participação ativa de todos os membros da Igreja** na missão de evangelizar, ou seja, de "tornar o Reino de Deus presente no

---
1 Diretório de Comunicação da Igreja no Brasil, n. 336.

mundo"[2], fazendo com que aconteçam fraternidade, justiça e paz e todas as realidades abarcadas na compreensão do Reino de Deus.

Mais do que um evento, o sínodo é uma oportunidade de desenrolar processos e discernir como a Igreja pode se tornar mais sinodal, ou seja, como todos os membros da Igreja podem participar mais ativamente de sua missão.

Quero destacar aqui que ser sinodal é uma vocação de todo cristão, portanto também vocação do comunicador. E cada Pastoral da Comunicação, em todas as realidades, **deve ser uma Pascom Sinodal**.

Sinodalidade, como já manifestou o Papa Francisco, "não é o capítulo de um tratado de eclesiologia, muito menos uma moda, um *slogan* ou o novo termo a ser usado ou instrumentalizado em nossos encontros. Não! A sinodalidade expressa a natureza da Igreja, a sua forma, o seu estilo, a sua missão"[3].

O tripé sobre o qual se apoia o processo sinodal – **comunhão, participação e missão** – indica uma relação direta com o processo comunicativo. A palavra comunicação, que tem sua origem no verbo latino *communicare* e no adjetivo *communis* (de *cum+múnus*), indica aquilo que é "pertencente a

---

[2] Papa Francisco, Exortação Apostólica *Evangelii Gaudium*, n. 176.
[3] Papa Francisco, Discurso durante Simpósio à Diocese de Roma, 18 de setembro de 2021.

todos ou a muitos", o que é "comum", aquilo que é "coletivo". O verbo é traduzido como "pôr em comum, repartir, dividir alguma coisa com alguém, partilhar". Ora, comunicação e comunhão têm a mesma raiz. Já temos aí um primeiro olhar sobre comunicação e sinodalidade, na perspectiva da comunhão.

Se a Igreja, enquanto comunidade dos chamados, é o espaço onde todos caminham juntos, deve ser um espaço oportuno para a participação de todos e todas, promovendo uma escuta recíproca e um diálogo inclusivo. A sinodalidade enfatiza a corresponsabilidade e a participação efetiva de cada indivíduo, garantindo que todas as vozes sejam escutadas e valorizadas. Assim pensamos a participação na perspectiva da comunicação. Mais do que uma organização de democracia, é garantir uma participação que não deixe ninguém de fora na comunidade eclesial.

E a missão é a natureza da Igreja. "Mais que dizer que **a Igreja tem uma missão, afirmamos que a Igreja é missão**"[4]. Na perspectiva de uma igreja sinodal, essa expressão que aparece no relatório de síntese da primeira sessão da Assembleia Geral do Sínodo dos Bispos sublinha que a própria essência da Igreja está intrinsecamente ligada à sua natureza missionária.

---

4 Relatório de Síntese da Primeira Sessão da Assembleia Geral do Sínodo dos Bispos sobre Sinodalidade, n. 8A.

As reflexões sobre sinodalidade despertam para a consciência da Igreja povo de Deus, já acentuado pelo Concílio Vaticano II, em movimento, onde todos os fiéis são chamados corresponsáveis pela missão evangelizadora. Isso implica ter em conta que a missão não é uma tarefa exclusiva de alguns, mas um chamado universal! Assim, a comunicação se constitui numa perspectiva missionária.

A comunicação, conforme pontuou o Papa Francisco na primeira mensagem aos comunicadores, por ocasião do Dia Mundial das Comunicações Sociais, "é uma conquista mais humana do que tecnológica"[5] e, já ali, dá o tom de que é preciso recuperar a capacidade de estar diante do outro, de escutá-lo, para que se expresse verdadeiramente e seja acolhido.

Desse modo, a comunicação deve ser encarada como um elemento vital para a sinodalidade. O pontífice acredita que uma comunicação verdadeira e eficaz é aquela que constrói pontes, promove a compreensão mútua e fomenta a unidade, gerando a cultura do encontro.

Segundo Francisco, a comunicação na Igreja deve ir além da mera transmissão de informações; ela deve ser um processo dinâmico que envolve escuta atenta e diálogo aberto. Isso reflete seu en-

---

5 Papa Francisco, Mensagem para o 48º Dia Mundial das Comunicações Sociais, 2014.

tendimento de que, para que a comunicação seja autêntica, ela deve colocar as pessoas e suas experiências no centro. Ele frequentemente ressalta a necessidade de uma comunicação que não marginalize, mas que dê voz a todos, especialmente aos que estão nas periferias geográficas, sociais e existenciais.

Um elemento importante que aparece como a primeira experiência do processo sinodal, e que tem sido valorizado pelo pontífice ao longo de seu pontificado, especialmente no que tange à comunicação, é a necessidade da escuta. Importante ressaltar que essa escuta se dá em vista da comunhão, de favorecer o estabelecimento de vínculos comunitários, e ainda de favorecer o bem comum. Aqui se trata de um processo que vai sendo assimilado cotidianamente pela comunidade, convertendo-se numa prática permanente, e não apenas uma ouvidoria, onde se ouvem queixas, sugestões e críticas em determinados períodos.

Em seu discurso de abertura da comemoração do cinquentenário do Sínodo dos Bispos, em 2015, afirmou que "uma Igreja sinodal é uma Igreja da escuta", retomando um pensamento presente na *Evangelii Gaudium:* "Precisamos nos exercitar na arte de escutar, que é mais do que ouvir. Escutar, na comunicação com o outro, é a capacidade do coração que torna possível a proximidade, sem a qual não existe um verdadeiro encontro espiritual"[6].

Na mensagem para o Dia Mundial das Comunicações Sociais de 2016, reconheceu que não é fácil escutar. "Às vezes, é mais cômodo fingir-se de surdo. Escutar significa prestar atenção, ter desejo de compreender, dar valor, respeitar, guardar a palavra alheia."[7] A analogia escolhida pelo pontífice para expressar a tarefa nem sempre fácil foi o sacrifício que cada comunicador é chamado a fazer, a exemplo de Moisés diante da sarça, que é o de retirar as sandálias para encontrar o outro que fala.

Merece destaque a mensagem publicada para o Dia Mundial das Comunicações Sociais em 2022, cujo tema foi "Escutar com o ouvido do coração". Somente nessa mensagem, aparece 57 vezes o substantivo *escuta* ou o verbo *escutar*, no infinitivo ou conjugado em algum tempo. Ali podem-se encontrar preciosas reflexões e conselhos sobre a arte da escuta na sociedade e na Igreja, a convocação aos comunicadores para pratiquem a escuta como condição da boa comunicação e a afirmação de que "na ação pastoral, a obra mais importante é o 'apostolado do ouvido'"[8].

---

6 Papa Francisco, Exortação Apostólica *Evangelii Gaudium*, n. 171.

7 Papa Francisco, Mensagem para o 50º Dia Mundial das Comunicações Sociais, 2016.

8 Papa Francisco, Mensagem para o 56º Dia Mundial das Comunicações Sociais, 2022.

Seguindo o mesmo tom, Bento XVI expressou, na mensagem de 2012, que "educar-se em comunicação quer dizer aprender a escutar, a contemplar, para além de falar; e isso é particularmente importante para os agentes da evangelização: silêncio e palavra são ambos elementos essenciais e integrantes da ação comunicativa da Igreja para um renovado anúncio de Jesus Cristo no mundo contemporâneo"[9].

Esta breve retomada de alguns elementos da escuta é um preâmbulo para afirmar que a Pastoral da Comunicação em chave sinodal deve ser uma pastoral que exercita a capacidade de escuta. Essa escuta mútua, facilitada por uma comunicação aberta, onde todo o povo de Deus tem a oportunidade de se expressar e ser escutado. Isso requer tempo, dedicação, conversão pastoral e, acima de tudo, a convicção de que esse é um estilo que deve ser assumido por todos. Na ditadura da pressa, escolher o caminho da escuta nem sempre é o caminho mais rápido, mas, certamente, é o caminho mais rico e mais evangélico.

Além disso, cabe ao agente da Pastoral da Comunicação estar atento aos riscos de uma comunicação superficial e sensacionalista, que pode distorcer a verdade e alimentar divisões, conforme alerta o Papa Francisco na carta encíclica *Laudato Si'*. Ele também

---
9 Papa Bento XVI, Mensagem para o 46º Dia Mundial das Comunicações Sociais, 2012.

critica a cultura do descarte e a polarização, que muitas vezes são amplificadas pelos meios de comunicação modernos.

Para superar esses desafios, Francisco propõe uma comunicação que seja paciente e respeitosa, que busque a verdade e promova a reconciliação, e construa uma sociedade mais justa e solidária, afinal "todos podem ser artesãos de paz"[10] e "artesãos de sinodalidade na vida ordinária das nossas comunidades"[11].

Ser sinodal talvez seja um dos grandes desafios para a Pascom e os pasconeiros. O desafio de caminhar junto, de ser essencialmente sinodal, quando o ser "euquipe" fala mais alto. É o risco de querer caminhar de forma autônoma, autorreferencial, tornando, muitas vezes, o serviço da comunicação em uma agência de publicidade que apenas visibiliza eventos e celebrações, deixando de ser um "elemento articulador da vida e das relações comunitárias"[12].

Uma Pascom verdadeiramente sinodal é aquela que caminha junto com sua comunidade, paróquia e diocese, pensando em toda a ação evangelizadora. Caminha junto e com meta, não perde o ritmo, abraça todos, escuta todos e compreende que essa é sua vocação na Igreja.

---

10 Papa Francisco, Apelo a favor da paz, 2016.
11 Papa Francisco, Mensagem para a Quaresma, 2023.
12 Diretório de Comunicação da Igreja no Brasil, n. 329.

Ser Pascom sinodal não é só uma palavra da moda, para corresponder a um momento específico da celebração do sínodo. Uma Pascom sinodal está aberta ao Espírito, para ler os sinais dos tempos em sua realidade pastoral e compreender que para caminhar junto é preciso escutar juntos, comunicar junto. É a experiência da comunhão, que está no cerne da palavra comunicação.

Propostas de ação

- Dedicar tempo, em equipe, para revisitar as mensagens do Papa Francisco para o Dia Mundial das Comunicações de 2014, 2016 e 2022 e compartilhá-las em momentos formativos.
- Adotar um estilo mais "escutativo" no contato com as pessoas de sua comunidade. Comece com coisas simples, como dedicar toda a sua atenção à pessoa que está falando. Evite distrações, como o uso do celular ou outras interrupções. Mantenha contato visual para demonstrar que você está presente e interessado.
- "Primeirear" na escuta às pastorais, movimentos e serviços da comunidade, acolhendo suas necessidades no que diz respeito à comunicação.
- Superar um modelo de atuação pastoral que seja simplesmente dar visibilidade a eventos

e celebrações. Para isso, é importante buscar espaços, grupos e pessoas na vida comunitária eclesial e social, como associações, serviços da caridade, pastorais sociais e outros elementos que favoreçam a constituição da identidade comunitária.

- Promover oficinas e encontros para formação sobre o método de conversão no Espírito, adotado pela Igreja durante as primeiras etapas do processo sinodal.
- Exercite o hábito de oferecer *feedback* que seja útil e construtivo aos irmãos de pastoral, focando em aspectos específicos da missão pastoral e sugerindo possíveis soluções ou melhorias.

2. Pastoral da Comunicação à luz do Diretório de Comunicação da Igreja no Brasil

O Diretório de Comunicação da Igreja no Brasil (DCIB)[1] – Doc. 99 da CNBB, aprovado em 2014 e atualizado em 2022, oferece um marco fundamental para a compreensão e atuação da Pastoral da Comunicação. É importante ressaltar que esse documento, fruto de um longo processo e elaborado com a participação de diversos agentes da comunicação eclesial, apresenta uma visão abrangente do que a Igreja no Brasil pensa sobre a comunicação, contextualizando-a em meio às transformações sociais, culturais e tecnológicas que marcam a realidade contemporânea.

Nas décadas precedentes à publicação do DCIB, é possível perceber o esforço da Igreja no Brasil para tratar o tema, com alguns marcos muito significativos e que caracterizam também um impulso para promover a Pastoral da Comunicação.

---

[1] Usaremos, daqui em diante, a sigla DCIB.

- **Campanha da Fraternidade 1989:** com o tema "A Fraternidade e a Comunicação" e o lema "Comunicação para a verdade e a paz", essa campanha buscou despertar a consciência crítica do receptor no uso da mídia, como atitude interior necessária para a comunicação da verdade e da paz, e conscientizar os receptores sobre seu papel de agentes de influência na orientação de programas nos meios de comunicação. Esse objetivo refletia bem a compreensão de comunicação da época e a preocupação da Igreja em garantir a formação crítica das pessoas.

- **35ª Assembleia Geral da CNBB de 1997:** desde a realização da CF 1989, o tema da comunicação foi indicado para ser o tema central da assembleia geral do episcopal brasileiro. Esse desejo se concretizou no ano de 1997, quase 10 anos depois, quando os bispos refletiram, de 9 a 18 de abril, em Itaici, o tema "A Igreja e a comunicação rumo ao novo milênio". Dessa assembleia foram publicados dois textos importantes e que estão muito presentes no DCIB como inspiração, reflexão, ou mesmo, referência direta. São o documento da CNBB 59 "Igreja e Comunicação rumo ao terceiro milênio: conclusões e compromissos" e o estudo da CNBB 75, "A Igreja e a comunicação rumo ao novo milênio". O primeiro refere-se às conclusões e compromissos votados e aprovados pela Assembleia. O segundo, como subsídio de reflexão para concretizar o que foi decidido.

- **Estudo da CNBB 101 - "A comunicação na vida e missão da Igreja no Brasil" (2011):** esse estudo é uma primeira versão do DCIB que, na impossibilidade de ser votado na Assembleia Geral do episcopado em 2011, foi autorizado a ser publicado em forma de estudo para receber as contribuições dos bispos e gerar "o futuro Diretório de Comunicação", como já acenou na apresentação o arcebispo do Rio de Janeiro e então presidente da Comissão Episcopal Pastoral para a Cultura, Educação e Comunicação Social, Dom Orani João Tempesta. O DCIB incorpora grande parte da estrutura e dos textos deste estudo.

Esse breve histórico, que pode ser aprofundado nos próprios documentos e em pesquisas acadêmicas, é para ajudar os pasconeiros, especialmente os que chegaram recentemente à Pascom, a contextualizar o processo de elaboração do DCIB e compreender o caminho de evolução da Pastoral da Comunicação ao longo desses anos. A recente e dramática pandemia da Covid-19, certamente, pode ser considerada um outro marco importante, pois oportunizou o amadurecimento da reflexão da Igreja no campo comunicacional e, sem dúvidas, o aperfeiçoamento da prática comunicativa. Há muitas experiências que surgiram nesse período, já marcadas por novas plataformas de comunicação e outras práticas comunicativas.

O que é a Pastoral da Comunicação?

Embora todo o texto reflita sobre a ação pastoral da Igreja na comunicação, é no capítulo 10 que se encontra um espaço considerável para descrever o que é a Pastoral da Comunicação, consolidada a partir dos documentos na área da comunicação, pesquisas e estudos da área, além das práticas comunitárias (cf. DCIB, n. 328), sua missão e como está organizada. Aqui é oportuno trazer o parágrafo 323 e, na sequência, destacar alguns elementos presentes nele para ajudar o agente na compreensão da Pastoral em que serve.

> "A Pastoral da Comunicação (Pascom) é a presença e a ação da Igreja nos ambientes comunicacionais. Sua atuação se estabelece a partir de ações próprias do campo da comu-

> nicação com sentido pastoral e evangelizador. É a pastoral do ser e do estar em comunhão com toda a comunidade eclesial, garantindo a acolhida e a participação, a organização solidária e a gestão democrática dos processos comunicacionais."[2]

- **1. Presença e a ação da Igreja nos ambientes comunicacionais:** a Igreja deve estar presente nos diversos ambientes comunicacionais, desde os meios de comunicação tradicionais (mídia impressa, rádio, televisão) até os digitais (redes sociais, plataformas digitais). Essa presença não se configura como mera adaptação às tendências, mas como compromisso com a evangelização e o diálogo com a sociedade em suas diversas realidades culturais e sociais. Para isso, a Pascom deve atuar de forma propositiva e criativa nesses ambientes, utilizando as linguagens e ferramentas próprias de cada meio para anunciar a Boa Nova, promover a escuta e fomentar o diálogo, defender a justiça e a paz, celebrar a fé.
- **2. Ações próprias do campo da comunicação com sentido pastoral e evangelizador:** aqui, destaca-se que a comunicação da Pascom se

---
[2] Diretório de Comunicação da Igreja no Brasil, n. 323.

concretiza na medida em que evangeliza. Não é meramente uma comunicação informativa, comercial ou uma ação de marketing, nem se trata de um conteúdo qualquer. É uma Comunicação a serviço do Reino de Deus, porque sua mensagem é uma Pessoa, Jesus Cristo. Por isso o agente da Pascom deve utilizar seus conhecimentos e habilidades em comunicação para promover o Reino de Deus em todos os seus aspectos, promovendo os valores do Evangelho para fortalecer a fé e os vínculos comunitários.

- **3. Pastoral do ser e do estar em comunhão com toda a comunidade eclesial (Estudos CNBB 75, n. 244):** esta é uma das definições mais belas da Pascom e se encontra no estudo mencionado anteriormente, de 1997, pois expressa o entendimento de que a comunicação pastoral não é apenas um conjunto de técnicas e ferramentas, mas solicitude à comunidade de fé. "A *preocupação maior da Pastoral da Comunicação será a vida da comunidade*"[3], por isso ser sinal de comunhão está em sua essência e ela também deve se colocar nessa condição permanentemente com toda a comunidade eclesial, ou seja, deve se integrar e colaborar

---

3 Estudos da CNBB 75, n. 245.

com as demais pastorais, colocando seus conhecimentos e habilidades em comunicação a serviço da evangelização em todas as suas áreas. A Pascom deve promover o diálogo e a participação de todos os membros da comunidade eclesial na comunicação, valorizando os diferentes dons e carismas presentes na comunidade. Esse ponto sublinha a dimensão comunitária da comunicação eclesial. A Pascom deve promover a comunhão e a participação de todos os membros da comunidade, criando laços de solidariedade e fraternidade. A comunicação não deve ser unidirecional, mas sim um diálogo constante e inclusivo, que valorize a contribuição de todos. Isso reforça a ideia de uma Igreja que é comunidade e que vive em comunhão, onde cada pessoa é importante e tem um papel a desempenhar.

- **4. Garantindo a acolhida e a participação, a organização solidária e a gestão democrática dos processos comunicacionais (Estudos CNBB 75, n. 244):** este último elemento traz três pontos interligados. No primeiro, destaca que a Pascom deve acolher e integrar todos os membros da comunidade eclesial, independentemente de suas habilidades, experiências ou conhecimentos em comunicação. No segundo, acentua que a Pascom deve se organizar de forma solidária, dividindo tarefas e responsabilidades, de acordo com os dons e carismas de cada membro, partindo do pressuposto que todos podem e devem contribuir.

O DCIB rompe com a visão tradicional da comunicação como um processo unidirecional, em que a Igreja simplesmente transmite mensagens aos fiéis. Em seu lugar, propõe uma **comunicação dialógica, interativa e multidirecional** (cf. DCIB, n. 10), que valoriza a escuta, o diálogo e a participação de todos os membros da comunidade eclesial. Essa perspectiva exige da Pascom um trabalho atento às diversas realidades e culturas presentes na Igreja, buscando construir pontes e promover a inclusão.

Transversalidade: a natureza da Pascom

Uma característica importante que aparece destacada no DCIB e no Guia de Implantação da Pastoral da Comunicação é a **transversalidade**. "Todas as pastorais são transversais, isto é, perpassam umas às outras por se tratar da expressão do mesmo solícito cuidado da Igreja para a comunidade."[4] Todavia, essa natureza é mais acentuada na Pascom, já que não

---

4 Guia de Implantação da Pascom, p. 63; Diretório de Comunicação da Igreja no Brasil, n. 327.

deve ser vista como um setor isolado, mas uma pastoral que só tem sentido de existir na medida em que se coloca a serviço das demais pastorais e movimentos, enriquecendo-se com a diversidade de cada um. Isso significa que a comunicação e, por isso, a ação da Pascom, deve permear todas as ações da Igreja.

Ao compreender a natureza transversal da Pascom, fica ainda mais claro que a comunicação não é apenas uma ferramenta, mas que permeia toda a vida da Igreja. Isso significa que a comunicação deve ser utilizada de forma intencional e estratégica para alcançar os objetivos da evangelização e da missão da Igreja.

Pensar e atuar de maneira transversal é um antídoto para superar a fragmentação, na qual muitas vezes se corre o risco de cair no cotidiano da vida comunitária. Não se trata apenas de cada um fazer uma parte e depois juntar tudo como uma colcha de retalhos, mas ver a comunicação e a evangelização como um todo integrado, e não como um conjunto de ações isoladas.

Para isso a Pascom deve atuar de forma colaborativa com a Pastoral da Juventude, a Pastoral da Saúde, a Pastoral Familiar e todas as outras que existirem aí. Dentre tantas possibilidades que podem ser adequadas a cada realidade pastoral, a transversalidade pode ser vivida por meio de:

- **Planejamento conjunto:** participação nos planejamentos pastorais para alinhar as estratégias de comunicação com as atividades de cada pastoral, garantindo que todas as ações tenham um suporte comunicacional adequado.
- **Projetos Integrados:** desenvolvimento de projetos e campanhas que envolvam diversas pastorais ou movimentos em ações que são comuns, divulgando suas atividades e sensibilizando a comunidade para temas importantes.
- **Capacitação:** oferecer formação em comunicação para os agentes de todas as pastorais, ajudando-os a compreender a comunicação como um processo humano essencial para a vida eclesial, os desafios e oportunidades contemporâneos da comunicação, especialmente da vida hiperconectada e utilização eficaz dos meios de comunicação em suas atividades.

Quando se toma consciência da natureza transversal da Pascom vão-se abrindo caminhos para vencer o desafio de considerá-la apenas como uma executora de tarefas, como uma assessoria de comunicação, ou mesmo uma agência de propaganda. Essa é uma mentalidade bastante presente, inclusive nos próprios agentes, quando reduzem sua missão apenas ao fazer. Para isso é preciso formar comunicadores com visão pastoral, capazes de compreender a fé e a missão da Igreja, comunicando a serviço do Reino de Deus.

Desafios e oportunidades para a ação pastoral

Os desafios para a Pastoral da Comunicação são numerosos e complexos, especialmente porque temos um Brasil de dimensões continentais, com uma rica e diversa realidade socioeclesial, portanto não há uma receita de bolo que sirva para todos. A partir do jeito próprio de ser Igreja em cada comunidade do país, é preciso olhar os desafios e identificar também as oportunidades para se comunicar e se adaptar ao mundo contemporâneo. Ao enfrentar esses desafios com criatividade, ética e uma visão pastoral, a Pascom pode fortalecer sua missão evangelizadora, promovendo uma comunicação que seja verdadeiramente transformadora e inclusiva.

No DCIB pode ser encontrado, em todos os capítulos, um rol de desafios, mas gostaria de salientar alguns desafios e, ao mesmo tempo, oportunidades, que despontam especialmente no contexto pós-pandemia.

- **Relevância da mensagem no contexto atual:** a Igreja está cada vez mais desafiada a adaptar sua mensagem para torná-la relevante e atraente em um mundo marcado pelo pluralismo cultural e religioso. Isso não significa mercantilizar a fé, ao contrário, é abrir-se ao dinamismo do nosso tempo, inspirados pelo Espírito, para promover um diálogo intercultural por meio de linguagens e formatos que ressoem com o público contemporâneo. O impulso dado pelo Concílio Vaticano II e, mais recentemente, pelo pontificado do Papa Francisco, é um chamado a manter um diálogo aberto e escuta ativa com a sociedade, respondendo às suas preocupações e questões com empatia e clareza.

- **Rápida evolução tecnológica:** a velocidade com que as tecnologias de comunicação evoluem pode ser um obstáculo para a Pascom, exigindo uma constante atualização e adaptação às novas ferramentas e plataformas. Para isso é preciso investir na formação contínua dos agentes de pastoral em novas tecnologias e ferramentas de comunicação. Deve-se estimular a criatividade e a inovação na produção de conteúdo, utilizando as novas tecnologias para enriquecer a evangelização. Um ponto de atenção é garantir que a tecnologia esteja acessível a todos os membros da comunidade, evitando a exclusão digital.
- **Ética na comunicação:** a proliferação de *fake news,* discursos de ódio e conteúdos que vão

contra os valores cristãos exige uma postura ética e responsável na comunicação. É urgente promover a educação midiática entre os fiéis, ajudando-os a discernir informações verdadeiras e éticas. Essa educação deve se estender a toda a comunidade, favorecendo, inclusive, o combate à desinformação e às *fake news*. A Pascom que tem cor, cheiro, sabor e toque de Evangelho deve comprometer-se com a produção de conteúdos que promovam a verdade, a justiça e a dignidade humana.

- **Inclusão digital:** a exclusão digital ainda é uma realidade para muitas pessoas, especialmente em comunidades mais pobres e marginalizadas, limitando o acesso às iniciativas de comunicação da Igreja. O agente da Pascom deve comunicar para todos! Reduzir a comunicação pastoral somente à publicação de conteúdos em redes sociais é um grande equívoco. É importante desenvolver estratégias para tornar a comunicação digital acessível a todos, incluindo a implementação de recursos para pessoas com deficiência. Considerando a necessidade de inclusão digital, é preciso investir em infraestrutura tecnológica nas comunidades mais carentes, garantindo que todos possam acessar os conteúdos digitais. Inclusão também passa por

educação digital, ou seja, oferecer formação em habilidades digitais básicas para os fiéis, facilitando o acesso e a utilização das novas tecnologias. Um ponto de atenção é ter sensibilidade pastoral, para que ninguém se sinta marginalizado na comunidade. O recurso tecnológico não é um fim, mas um meio que pode favorecer, ou não, a ação evangelizadora.
- **Sustentabilidade dos projetos de comunicação:** garantir a sustentabilidade financeira e operacional dos projetos de comunicação é um desafio constante. Isso exige um planejamento financeiro sólido que inclua orçamentos detalhados e estratégias de captação de recursos, além dos investimentos da própria comunidade ou paróquia a partir da dimensão pastoral do Dízimo. Onde for viável, um caminho importante para a sustentabilidade é estabelecer parcerias com organizações, empresas e fiéis que possam apoiar financeiramente os projetos de comunicação.

Diante desses desafios e das possibilidades, a Pascom é chamada a renovar suas práticas, investir na formação de seus agentes e utilizar as novas tecnologias de forma criativa e eficaz a serviço da evangelização.

À luz do DCIB, do pontificado do Papa Francisco e dos desafios do tempo presente, é preciso ser uma

Pascom em saída, promovendo uma **comunicação missionária**. Isso significa ir além dos muros da Igreja e utilizar os diversos meios de comunicação para anunciar a Boa Nova e promover o diálogo com a sociedade, especialmente com os mais marginalizados e excluídos.

Dicas de leitura para aprofundamento

- *A missão do agente da Pastoral da Comunicação,* Dom Valdir José de Castro (Ed. Santuário e Ed. Paulinas).
- *Náufragos da Comunicação: leituras para repensar a mídia religiosa,* Pe. Zezinho (Ed. Santuário).
- *Pastoral da Comunicação: diálogo entre fé e cultura,* Joana T. Puntel e Helena Corazza (Ed. Paulinas).
- *Evangelizar é comunicar: fundamentação bíblico-teológica da pastoral da comunicação,* Vera Ivanise Bombonato (Ed. Paulinas).
- *Comunicação: diálogo dos saberes na cultura midiática,* Joana T. Puntel (Ed. Paulinas).
- *Cultura midiática e igreja: uma nova ambiência,* Joana T. Puntel (Ed. Paulinas).
- *Os Papas da comunicação: estudo sobre as mensagens do Dia Mundial das Comunicações,* Joana T. Puntel e Helena Corazza (Ed. Paulinas).

- *Esperançar: a missão do agente da Pastoral da Comunicação*, Marcus Tullius (Ed. Paulus).
- *Comunicar o evangelho: panorama histórico do magistério da Igreja sobre a comunicação*, Darlei Zanon (Ed. Paulus).
- *Infopastoral: o agir pastoral numa sociedade em transformação*, Andréia Gripp (Ed. Paulus).
- *Comunicação da Igreja Católica na América Latina: o que nos ensinam os documentos do Celam*, Ricardo Alvarenga (Ed. Paulus).
- *Comunicar a fé: por quê? para quê? com quem?*, Moisés Sbardelotto (Ed. Vozes).
- *Missionários no ambiente digital: em nome de quem?*, Moisés Sbardelotto (Ed. Santuário e Ed. Paulinas).

3. Os pilares para a ação da Pascom

A atuação da Pascom se estrutura, a partir do DCIB, em quatro eixos integrados e interligados entre si e que visam promover uma comunicação com sentido pastoral e evangelizador dentro da comunidade eclesial: espiritualidade, formação, articulação e produção.

As palavras "integrados e interligados" são muito importantes, pois isolar os eixos em compartimentos distintos seria negar a natureza complexa, dinâmica e multifacetada da comunicação. Pense que a espiritualidade alimenta a alma da Pascom, a formação garante a competência técnica, a articulação amplia o alcance da mensagem e a produção materializa a comunicação em ações concretas. Cada eixo, por si só, é fundamental, mas é na integração e interligação entre eles que se consegue alcançar o sentido pastoral e evangelizador para a Pascom.

A integração e interligação dos quatro eixos da Pascom geram uma **sinergia** que potencializa a ação evangelizadora da Igreja. A espiritualidade inspira a formação, a formação embasa a articulação, a articulação amplia o alcance da produção e a produção materializa a evangelização.

Espiritualidade, o que dá sentido a todo o trabalho

A espiritualidade é o alicerce que sustenta todas as atividades da Pastoral da Comunicação,[1] por isso mesmo foi reposicionada na revisão do DCIB para ser o eixo número 1. É ela que dá sentido a todos os eixos e deve estar sempre presente na vida dos comunicadores, ajudando-os a integrar a fé e o trabalho comunicativo.

A espiritualidade cristã na comunicação se inspira na Trindade, modelo de perfeita comunhão e comunicação no amor. Esse eixo propõe que os comunicadores vivam uma intensa vida de oração e de escuta da Palavra de Deus, para que suas ações sejam reflexo do amor de Cristo.

O DCIB aponta que, para cultivar essa espiritualidade, é recomendada a prática regular de retiros espirituais, leitura orante da Bíblia (*Lectio Divina*), círculos bíblicos e a reflexão constante sobre os documentos da Igreja relacionados à comunicação.

A espiritualidade fortalece o comunicador para enfrentar os desafios do dia a dia e para comunicar não apenas com eficácia técnica, mas com uma pro-

---
1 Cf. Diretório de Comunicação da Igreja no Brasil, n. 332.

fundidade que toca o coração das pessoas. A espiritualidade também promove a unidade e a comunhão dentro da equipe de comunicação, tornando-a uma verdadeira comunidade de fé e trabalho.

Um agente que reza é distinguido pela comunidade e vive plenamente e com coerência sua missão. Alguns pontos que manifestam a importância da espiritualidade na vida do agente da Pascom:

- **Autenticidade na mensagem que comunica:** Um agente que vive uma vida de espiritualidade transmite a mensagem do Evangelho de maneira genuína e autêntica. Sua vivência espiritual confere credibilidade às suas palavras e ações, pois ele não apenas comunica a fé, mas também a vive em seu cotidiano.
- **Inspiração e motivação:** A vida espiritual oferece inspiração e motivação para o agente da Pascom. O DCIB afirma que "sem a espiritualidade, o comunicador esvazia-se, fragiliza-se como sujeito e torna-se vulnerável às dificuldades que se apresentam ao longo do caminho"[2]. Por isso a oração pessoal, comunitária e a participação nos sacramentos renovam as forças do agente da Pascom e seu entusiasmo, capacitando-o a enfrentar os desafios da missão com esperança e perseverança.

---

2 *ibid.*

- **Sensibilidade pastoral:** uma vida de espiritualidade fecunda desperta uma sensibilidade pastoral no agente da Pascom. Ele se torna mais atento às necessidades e aos anseios das pessoas, especialmente as mais vulneráveis, e consegue comunicar-se de maneira mais empática e compassiva.
- **Unidade e comunhão:** um cristão com a vida espiritual bem consolidada busca viver a unidade e a comunhão entre os membros da Pascom e a comunidade eclesial, num verdadeiro estilo sinodal, fortalecendo os laços de fraternidade e colaborando para um trabalho mais harmonioso e cooperativo. Assim afastam-se sentimentos de competição, de inveja, dissensões, fofocas e outras atitudes que podem surgir nas relações interpessoais quando não se sustentam em uma autêntica vida de oração.
- **Discernimento e sabedoria:** A vida espiritual favorece no agente a capacidade de discernimento, ajudando-o a identificar os caminhos mais adequados para a evangelização e a comunicação. A sabedoria, que é um dom do Espírito Santo, adquirida por meio da reflexão espiritual, orienta suas ações e decisões.

A espiritualidade é, portanto, a força motriz que alimenta e sustenta o trabalho do agente da Pascom. Ela assegura que sua missão de comunicar a Boa Nova não seja apenas um esforço técnico, mas uma verdadeira expressão de fé e amor a Deus e ao próximo.

Para aprofundar o eixo da espiritualidade, recomendamos a leitura atenta dos capítulos 2 e 3 do DCIB.

Formação para servir melhor

"A formação tem por objetivo a qualificação das lideranças e agentes de pastoral, para que desenvolvam e executem projetos teoricamente embasados, tecnicamente atualizados e eticamente comprometidos"[3].

O eixo da formação visa proporcionar uma educação contínua e abrangente, que inclui aspectos teóricos, técnicos e éticos da comunicação. A formação deve ser oferecida em múltiplos níveis – nacional, regional, diocesano e paroquial – e deve incluir uma variedade de atividades como cursos, seminários, workshops e treinamentos práticos.

Essa formação deve abranger desde a compreensão dos fundamentos da comunicação social até o uso das novas tecnologias e mídias digitais, ou seja, deve ser uma formação integral. Além disso, é essencial que

---
3 Diretório de Comunicação da Igreja no Brasil, n. 333.

essa formação inclua outros aspectos que não sejam especificamente comunicativos, como a catequese e a liturgia. Os planos de formação para a Pascom, independentemente do nível, devem ser acessíveis a todos os membros da comunidade eclesial, incluindo leigos, religiosos, seminaristas e clérigos, para que todos estejam preparados para exercer sua missão.

- **Capacitação teológica e pastoral:** a formação técnica é importante, mas a formação deve ser pensada em um sentido mais amplo, incluindo aspectos da teologia e da pastoral, dos documentos da Igreja (e não somente aqueles ligados à comunicação). Isso permite que os agentes compreendam profundamente os ensinamentos da Igreja e saibam como aplicá-los de maneira eficaz na comunicação, garantindo que sua mensagem seja consistente com a doutrina católica e relevante para sua comunidade.

- **Reflexão crítica:** um dos grandes logros da formação na Pascom é estimular a reflexão crítica sobre o papel da comunicação na evangelização e na sociedade. Os agentes são incentivados a pensar sobre questões éticas, culturais e sociais, relacionadas à comunicação, ajudando-os a se comunicar de forma responsável e contextualizada.

- **Fortalecimento da identidade vocacional:** quanto mais formados, mais os agentes da Pascom fortalecem a identidade vocacional como comunicadores católicos. Eles compreendem melhor o significado e a importância de sua missão na Igreja e no mundo, o que os motiva a dedicar-se plenamente à evangelização.
- **Integração na comunidade eclesial:** pela formação, os agentes da Pascom podem cooperar ainda mais com a comunidade eclesial na qual estão inseridos, contribuindo com a formação de outras equipes e serviços, engajando-se ainda mais na missão e no anúncio de Cristo.
- **Desenvolvimento de habilidades técnicas:** a formação proporciona aos agentes da Pascom as habilidades técnicas necessárias para utilizar eficazmente os meios de comunicação disponíveis. Isso inclui conhecimentos práticos, como edição de vídeo, design gráfico, produção de conteúdo para redes sociais, entre outros, garantindo que possam comunicar a mensagem da Igreja de forma profissional e atrativa.
- **Atualização tecnológica:** Os meios de comunicação estão em constante evolução. Por meio da formação, os agentes da Pascom podem manter-se atualizados com as últimas ten-

dências e tecnologias em comunicação, permitindo-lhes adaptar-se às mudanças e aproveitar ao máximo as ferramentas disponíveis.

A formação é essencial para capacitar os agentes da Pascom a comunicar eficazmente a mensagem do Evangelho no mundo contemporâneo. Ao adquirir habilidades técnicas, conhecimentos teológicos e pastorais, e desenvolver uma consciência crítica e uma identidade sólida, os agentes estão mais preparados para desempenhar sua missão de forma significativa e transformadora na ação evangelizadora.

Para aprofundar o eixo da formação, recomendamos a leitura atenta dos capítulos 1, 4, 8 e 9 do DCIB. Essa leitura pode ser feita por parágrafos, de maneira compartilhada e gradativa nas reuniões da Pascom.

Articulação para tecer laços e criar comunidades

"A articulação se propõe a animar e envolver os agentes culturais e pastorais para que conheçam e se comprometam com ações concretas e integradas com os processos e meios de comunicação para o anúncio da Boa Nova de Jesus Cristo."[4]

Há um grande risco de promover a articulação apenas entre membros da Pascom e, assim, se tornar puramente

---

4 Diretório de Comunicação da Igreja no Brasil, n. 334.

autorreferencial. Este é, sem dúvida, um primeiro e importante nível de articulação, uma vez que é necessária a integração daqueles que vivem juntos a missão recebida de Cristo e da Igreja. Contudo, não pode ser somente nesse nível, em um diálogo fechado em um grupo.

Para isso, faz-se necessária a integração efetiva da Pascom com o conselho pastoral (comunitário, paroquial ou diocesano), configurando em um outro nível, e de igual importância, de articulação. Os agentes da Pascom devem garantir um diálogo aberto e construtivo com o conselho e seus membros, reconhecendo-os como instâncias que congregam as diversas forças vivas da comunidade. Dessa forma, a presença e o apostolado da Pascom se tornam extremamente importantes nesses espaços, contribuindo para uma comunicação mais integrada e alinhada com as necessidades da comunidade.

Considerando essa realidade intraeclesial, a articulação da Pascom se manifesta também por meio de encontros com profissionais e pesquisadores da área da comunicação. Esses encontros para partilha, momentos formativos, realização de eventos ou trabalhos conjuntos proporcionam uma reflexão aprofundada e uma atuação mais fundamentada e precisa no campo da comunicação evangelizadora.

O DCIB também salienta, no eixo da articulação, a importância da realização de mutirões nacionais e regionais de comunicação, bem como outras iniciativas voltadas para fortalecer a comunhão e o engajamento nas atividades comunicativas. Tais eventos promovem uma dinâmica interna que incentiva a participação ativa dos membros da Pascom em todos os níveis de atuação.

Assim, ao estabelecer uma comunicação eficaz com os conselhos pastorais e ao promover iniciativas de articulação e colaboração com profissionais da área, a Pascom reforça seu compromisso com a comunhão e a missão evangelizadora da Igreja, fortalecendo sua dinâmica interna e ampliando seu impacto na comunidade, considerando os seguintes pontos:

- **Coordenação de esforços:** por meio da articulação, além da Pastoral da Comunicação, os diversos grupos e sujeitos eclesiais envolvidos na vida comunitária podem coordenar seus esforços de maneira eficaz. Isso evita duplicação de esforços, otimiza recursos e permite que todos trabalhem em direção a objetivos comuns.
- **Integração de iniciativas:** por intermédio do eixo da articulação é possível integrar diferentes iniciativas de comunicação dentro da comunidade. Isso significa que a Pascom pode trabalhar em conjunto com outros grupos pastorais, movimentos e serviços da Igreja, apro-

veitando suas experiências e recursos para fortalecer a mensagem evangelizadora.
- **Troca de experiências e recursos:** especialmente em momentos de encontro com outros grupos, os membros da Pascom podem compartilhar suas experiências, seus conhecimentos e recursos. Isso enriquece o trabalho de comunicação e promove uma cultura de colaboração e aprendizado mútuo.
- **Ampliação do alcance:** Ao articular suas atividades de comunicação com outros grupos e serviços da Igreja, a Pascom pode ampliar seu alcance e impacto. Isso permite que a mensagem evangelizadora chegue a um público mais amplo e diversificado, alcançando pessoas em diferentes contextos e realidades.
- **Fortalecimento da comunhão:** a articulação fortalece os laços de comunhão dentro da comunidade eclesial. Ao trabalhar em conjunto, os membros da Pascom e outros grupos pastorais cultivam um sentido de pertencimento e colaboração, promovendo uma cultura do encontro, de comunhão e solidariedade na Igreja.
- **Eficiência na comunicação:** como resultado do pertencimento e da comunhão bem vivida, uma articulação bem-sucedida resulta em uma comunicação mais eficiente e coerente

dentro da comunidade. Isso significa que a mensagem do Evangelho é transmitida de forma clara, consistente e unificada, facilitando a compreensão e a adesão por parte de toda a comunidade.

- **Testemunho de unidade:** a articulação na Pascom e com outras pastorais, movimentos e serviços na vida da comunidade é um genuíno testemunho de unidade na diversidade. Ao trabalhar juntos em prol de um objetivo comum, os membros da comunidade demonstram que a comunhão em Cristo ultrapassa diferenças e divisões, inspirando outros a fazerem o mesmo.

Comunicar sozinho é como remar contra a correnteza, assim o eixo da articulação desempenha um papel fundamental na Pascom e na vida da comunidade eclesial, promovendo a colaboração, integração e eficiência na comunicação evangelizadora. Ao trabalhar em conjunto, os membros da Pascom testemunham a comunhão em Cristo e contribuem para a construção de uma comunidade mais unida e solidária.

Para aprofundar o eixo da formação, recomendamos a leitura atenta dos capítulos 5 e 10 do DCIB.

Produção: o que torna visível a ação evangelizadora

"No que diz respeito à produção, é necessário destacar que esse eixo está voltado para a elaboração de materiais [...]. O eixo da produção constitui-se, para muitos, como a porta de ingresso na Pascom, e aquele que ganha mais visibilidade. Contudo, o agente não deve fazer deste sua única finalidade, mas é preciso integrá-lo com os outros três anteriores, aprimorando o seu servir."[5]

O final deste parágrafo diz muito sobre a atividade que os pasconeiros realizam. Certamente, muitos ingressam na Pascom para fazer. Seja pelo convite recebido de algum outro membro, ou do pároco; seja pela necessidade da própria comunidade para que haja alguém responsável pela comunicação. Entrar pelo "fazer" não significa permanecer nele.

O eixo da produção foca na criação de conteúdos comunicacionais que atendam às necessidades pastorais e evangelizadoras e não somente aquilo que a Pascom realiza. Aqui deve ser visível tudo o que é realizado na vida da comunidade. "O que vos digo na escuridão, repito-o à luz do dia, e o que escutais em segredo, proclamai-o sobre os telhados" (Mt 10,27). A produção envolve a convocação de profissionais da comunicação

---

5 Diretório de Comunicação da Igreja no Brasil, n. 335.

para refletir e produzir subsídios impressos e digitais. A meta é sempre criar materiais que sejam atraentes e relevantes para os diversos públicos da comunidade, (sempre!) com sentido pastoral e evangelizador.

Um dos aspectos mais significativos da produção na Pascom é sua capacidade de alcançar um público diversificado. Um retrato fiel disso são as celebrações dominicais em uma comunidade eclesial. Se observar os distintos horários, haverá pessoas de diversas idades, classes sociais, raças etc. A comunidade cristã é um retrato da unidade na diversidade!

Por meio de diferentes canais de comunicação, como redes sociais, sites, rádio, TV e publicações impressas, a Pascom consegue atingir pessoas em diversos contextos sociais, culturais e geográficos, adaptando sua mensagem de acordo com as necessidades e interesses de cada público.

Isso permite que a Pascom exerça um impacto significativo na vida espiritual e comunitária dos fiéis, promovendo uma maior participação na vida da Igreja e uma compreensão mais profunda da fé cristã.

Além disso, a produção na Pascom fomenta a formação e a educação da/na fé dos fiéis. Por meio de materiais de catequese, estudos bíblicos, podcasts, vídeos e outros recursos, a Pascom contribui para o crescimento espiritual e intelectual dos membros da comunidade, capacitando-os a viverem sua fé de forma mais autêntica e comprometida. Esses materiais educativos também ajudam a fortalecer os laços de comunhão e solidariedade dentro da comunidade, promovendo uma cultura de diálogo, partilha e colaboração entre os fiéis.

O eixo da produção é aquilo que torna concreta e, de certa maneira, visível, o trabalho da Pascom, contribuindo para o fortalecimento da fé e da comunhão eclesial. Salientamos algumas dimensões desse eixo.

- **Criação de conteúdo evangelizador:** a produção é responsável por criar conteúdo que transmite a mensagem do Evangelho de forma clara, relevante e atrativa. Isso inclui a elaboração de textos, vídeos, áudios, imagens e outros materiais que comunicam os valores e ensinamentos da fé católica.
- **Alcance ampliado:** a produção de conteúdo permite que a Pascom alcance um público mais amplo e diversificado. Por meio de diferentes canais de comunicação, como sites, redes sociais, rádio, TV e impressos, a mensagem evangelizadora pode chegar a pessoas em diferentes contextos e realidades. Por isso é importante que o agente da Pascom conheça sua realidade eclesial, para produzir um conteúdo assertivo ao seu público.

- **Engajamento dos fiéis:** conteúdo bem-produzido tem o potencial de engajar os fiéis e incentivá-los a participar mais ativamente da vida da Igreja, criando conexões significativas entre os membros da comunidade eclesial.
- **Promoção da formação e educação da fé:** a produção de conteúdo também pode ser uma ferramenta poderosa para promover a formação e a educação na fé. Por meio de materiais de catequese, estudos bíblicos, cursos on-line e outros recursos, a Pascom contribui para o crescimento espiritual e intelectual dos fiéis.
- **Resposta aos desafios contemporâneos:** a produção de conteúdo permite que a Pascom responda aos desafios e às demandas do mundo contemporâneo, como as questões sociais, culturais e éticas relevantes, bem como utilizar novas tecnologias e plataformas de comunicação para alcançar públicos específicos.
- **Favorecer a preservação da memória e identidade comunitária:** por meio da produção de conteúdo, a Pascom contribui para preservar a memória e a identidade da comunidade eclesial. Documentando eventos, celebrando momentos importantes e registrando testemunhos de fé, a Pascom ajuda a construir uma narrativa

coesa da história da comunidade e sua missão evangelizadora.

- **Testemunho da fé em ação:** por fim, a produção de conteúdo é um testemunho da fé em ação. Ao criar materiais que refletem os valores do Evangelho e promovem o amor, a justiça e a misericórdia, a Pascom demonstra que vale a pena seguir e anunciar a Cristo, que vale a pena construir o Reino de Deus e proclamar a graça do Senhor.

Em suma, a produção na Pascom é uma ferramenta poderosa para a evangelização e formação dos fiéis, permitindo que a mensagem do Evangelho seja comunicada de forma eficaz e relevante para as pessoas em todos os contextos da vida moderna. Ao criar conteúdo inspirador, informativo e educativo, a Pascom contribui para o fortalecimento da fé e da comunhão na Igreja, promovendo assim a missão evangelizadora de Cristo no mundo contemporâneo.

Para assimilar o eixo da produção, recomendamos a leitura atenta dos capítulos 6, 7 e 8 do DCIB. Para as questões mais técnicas, como o uso de ferramentas para produção de conteúdo, é sempre oportuno consultar tutoriais e outros elementos mais técnicos presentes nos meios digitais.

4. Como organizar a Pascom?

Essa talvez seja uma das perguntas mais realizadas por agentes da Pascom nos mais diversos níveis. Como organizar a Pascom na comunidade? Como organizar na paróquia? Como organizar na diocese?

Usando uma expressão, já mencionada anteriormente, não há receita de bolo. A organização da Pascom pode variar de acordo com as diferentes regiões do Brasil, diferentes realidades eclesiais e até mesmo os níveis, como comunitário, paroquial, diocesano, regional e até nacional. O DCIB de Comunicação apresenta, nos parágrafos 337 a 343, os níveis de organização da Pascom mencionados. Contudo, a melhor organização é aquela que corresponde à sua realidade eclesial.

Nível comunitário e paroquial

Na comunidade e na paróquia, a Pascom geralmente é coordenada por uma pessoa ou por um grupo de agentes, sob a orientação do pároco. Pode ser útil estabelecer diferentes equipes dentro da Pascom, responsáveis por áreas específicas, como produção de conteúdo, mídias sociais, design gráfico, fotografia, comunicação interna, entre outros. A realização de reuniões regulares para planejamento e avaliação das atividades de comunicação é imprescindível para o bom andamento dos trabalhos.

Recorrentemente, surgem dúvidas se é necessário ter a Pascom em cada comunidade da paróquia, ou se basta uma organização em nível paroquial. Há um ditado que "cada um sabe onde o calo aperta". Dessa forma, é em sua realidade eclesial que deverá acontecer o discernimento se o mais oportuno será ter agentes por comunidades, ou se uma equipe bem estruturada em nível paroquial será suficiente para cumprir a missão em todo o território paroquial. Nos dois formatos há experiências exitosas.

Outro formato possível é contar com representantes (uma espécie de correspondentes) em cada pastoral ou movimento existente na paróquia. Isso é fruto de uma articulação bem-feita. Quando a coordenação paroquial consegue contar com esse apoio, torna-se mais fácil o diálogo com todas as forças vivas e a consolidação de uma rede bem coesa para a evangelização.

Nível diocesano

Cada igreja local (prelazia, diocese ou arquidiocese) possui uma forma distinta de se organizar pastoralmente, seja por área pastoral, forania ou outras nomenclaturas. Nesse sentido, é importante reconhecer que entre a paróquia e a diocese, comumente, existe uma instância intermediária, próxima geograficamente, para favorecer a realização de encontros e organização pastoral. Nem sempre vai haver uma articulação específica da Pascom nessa instância. Desse modo, fica facultado uma coordenação neste nível.

No mais, a Pascom diocesana geralmente possui uma natureza de animar os trabalhos comunicativos naquela igreja, comumente formada por um coordenador leigo, um assessor pastoral (presbítero, religioso ou religiosa, ou seminarista) e que favorece a realização de encontros e os encaminhamentos práticos na vida diocesana. Todo esse trabalho é exercido em sintonia com a coordenação de pastoral da diocese.

A coordenação diocesana pode envolver representantes das diferentes paróquias da diocese, que se reúnem para coordenar esforços e compartilhar recursos, ou mesmo por um grupo escolhido para tal.

Cabe à coordenação diocesana a implantação, articulação e animação da Pascom nas paróquias, atuando, em espírito sinodal, com a assessoria de comunicação (setor ou vicariato), onde existir, contribuindo com sensibilidade pastoral para o desenvolvimento de estratégias de comunicação diocesana, como a criação e alimentação de um site, produção de boletins informativos, organização de eventos e programas de rádio ou TV e produção de conteúdo para as redes sociais.

Todo engessamento de estrutura é prejudicial, assim, reforçamos e repetimos a importância da sensibilidade pastoral para ver qual o melhor modelo de organização e que expresse a participação, comunhão e missão da Igreja.

Nível regional

A Igreja no Brasil está articulada em 19 regionais, que correspondem ao conjunto de prelazias, dioceses e arquidioceses agrupadas por estados ou regiões. Nessa instância, como aponta o DCIB, ela pode se articular em torno de uma estrutura mais ampla, com o bispo referencial, coordenador ou coordenadora regional, e um assessor ou assessora pastoral. Esse último, era apresentado na edição anterior do DCIB como assessor ou assistente eclesiástico, ocupado geralmente por um ministro ordenado, opção foi feita para ampliar o termo. Cultivando e amadurecendo o espírito sinodal, a mudança se fez pertinente para permitir que tal missão seja desempenhada por uma religiosa, um religioso, ou até um cristão leigo com experimentada vivência na fé.

A coordenação regional tem a missão principal de animar as dioceses inseridas nessa circunscrição, por meio de um acompanhamento personalizado, atento e amoroso, com momentos de planejamento e avaliação dos trabalhos.

Nível nacional

A Coordenação Nacional da Pastoral da Comunicação foi criada em 19 de julho de 2018, em Aparecida (SP), durante a reunião anual de coordenadores regionais. Já era um sonho e uma necessidade que vinham sendo discernidos nos anos precedentes, quando a animação da Pascom era responsabilidade dos assessores da Comissão Episcopal para Comunicação Social da CNBB, à qual segue vinculada. A coordenação nacional tem um mandato de quatro anos, definido por meio de eleição entre bispos referenciais, assessores pastorais e coordenadores regionais[1].

São atribuições da Coordenação Nacional: estimular e acompanhar as ações da Pascom, a partir dos eixos da sua organização: formação, articulação, produção e espiritualidade; incentivar a implantação da Pastoral da Comunicação nos regionais, nas dioceses e paróquias; promover a aplicação das Diretrizes Gerais da Ação Evangelizadora da Igreja no Brasil, no que diz respeito aos ambientes comunicacionais.

É importante destacar que a missão da Coordena-

---

1 Cf. Diretório de Comunicação da Igreja no Brasil, n. 338.

ção Nacional é animar e fomentar a Pascom em seus mais diversos níveis, oferecendo subsídios, conteúdos formativos, sempre em estilo sinodal, em vista da melhor articulação pastoral.

Grupos de Trabalho

Desde 2020, a Pascom Brasil conta com uma estrutura de Grupos de Trabalho (GTs) que se consolidam como um caminho de participação e melhor desenvolvimento das atividades da Pascom Brasil. Cada GT corresponde a um eixo da Pascom e é composto por coordenadores regionais e assessores eclesiásticos, membros da Coordenação Nacional, e conta com colaboradores pasconeiros de diversas realidades do Brasil.

Há experiências em regionais, dioceses e até mesmo paróquias que reproduziram esse modelo e desenvolveram suas atividades de maneira eficaz. O que garante o bom funcionamento de um GT não é a estrutura em si, mas o reconhecimento das habilidades e competências de cada membro.

Para isso, é importante, à luz dos eixos da Pascom desenvolvidos no capítulo anterior, conhecer as potencialidades de cada membro para que, tanto ele se sinta confortável em contribuir com a missão, quanto possa a organização fluir com naturalidade.

Projeto de Comunicação

No horizonte da ação evangelizadora, para que não haja cansaço e esforços inúteis, é importante construir um projeto de comunicação. Ao desenvolver um projeto de comunicação Pascom, é essencial ter em mente a importância e o impacto que uma comunicação eficaz pode ter na evangelização e na vida da comunidade eclesial.

O projeto deve ser concebido não apenas como uma série de atividades isoladas, mas como uma abordagem estratégica e integrada para promover a mensagem do Evangelho por intermédio dos meios de comunicação disponíveis. Isso requer uma compreensão profunda das necessidades, desafios e potencialidades da comunidade, bem como uma visão clara dos objetivos a serem alcançados (em curto, médio e longo prazo) e dos recursos necessários para alcançá-los. Nesse contexto, o projeto de comunicação da Pascom deve buscar não apenas informar, mas também inspirar, envolver e formar os fiéis, promovendo uma cultura de comunicação autêntica, participativa e centrada em Cristo.

Esse projeto deve ser sinodal, portanto, deve ser expressão de uma realidade eclesial e pastoral na qual você está inserido. Não é interessante que ele seja feito de maneira isolada, a partir de "achismos", mas que se concretize a partir da escuta atenta aos membros da comunidade, especialmente aos coordenadores de pastorais, movimentos e ao conselho paroquial, sob cuidado atento do pároco.

A importância das escolhas. Mineiramente falando, dizemos: será que não estamos fazendo uma broa maior do que a boca do forno? Isso implica fazer um projeto adequado à sua realidade eclesial, seja paróquia, diocese, ou um movimento eclesial, ou uma pastoral. Tenha certeza de que você não irá esgotar todas as necessidades neste plano. Trabalhe a partir da realidade e da consciência de que é necessário dar os primeiros passos, abrindo-se ao Espírito e à necessidade de possíveis adaptações.

De maneira bastante simples, construa seu plano a partir do tripé: análise da realidade, levantamento das necessidades e identificação das prioridades. A Instrução pastoral *Aetatis Novae,* no parágrafo 26, afirma que "fazem parte da fase de análise a avaliação das necessidades, a recolha de informação e o estudo de planos pastorais alternativos. Isso implica uma análise do contexto no qual se situa a comunicação, em especial das forças e fraquezas inerentes às estruturas e programas eclesiais da comunicação atuais, assim como das possibilidades que se lhes apresentam e dos desafios com os quais se defrontam". Dessa forma, os três pontos podem ser assim definidos.

- **Análise da realidade:** descubra quais são os obstáculos e as oportunidades, os pontos fortes e fracos a partir da escuta. Se você tiver familiaridade, pode utilizar o modelo da análise SWOT (ou FOFA, em português), utilizada na administração e no marketing. Caso não lhe seja um instrumento viável, analise e faça um detalhamento.

- **Levantamento das necessidades:** o Guia de Implantação da Pascom (2018), no passo do sensibilizar, coloca que "a partir da compreensão das necessidades de comunicação do ponto de vista das pastorais, movimentos e comunidades ou paróquias, temos condições de fazer escolhas mais acertadas". Para o levantamento das necessidades, propomos duas etapas. Na primeira, você deve ter uma conversa com o pároco (se o plano for para a realidade paroquial) ou com o bispo (se for para a realidade diocesana), escutando suas percepções para a comunicação. Na segunda etapa, você deve escutar, como indicado acima, pastorais, movimentos e comunidades. Como fazer o levantamento das necessidades? O Conselho de Pastoral é o melhor espaço para que isso aconteça. Caso não haja uma reunião próxima, proponha uma reunião com os coordenadores, ou crie um formulário para coletar esses dados.
- **Identificação das prioridades:** a partir da escuta, identifique as prioridades para a comunicação, levando-se em conta a realidade pastoral

na qual está inserida, as orientações paroquiais/diocesanas, as Diretrizes Gerais da Ação Evangelizadora da Igreja no Brasil. Para garantir a boa aceitação e aplicabilidade de seu plano, valide as prioridades que você identificou junto às pessoas com quem você fez o levantamento. Essa identificação pode ser feita, principalmente, pela recorrência de determinadas necessidades. Tente elencar essas prioridades dentro dos quatro eixos da Pascom, para que seu plano seja bem direcionado: espiritualidade, formação, articulação e produção.

Para facilitar, didaticamente, a visualização e o desenvolvimento do plano, elabore uma estrutura que contemple:

- **Apresentação ou introdução:** apresentar, brevemente, sobre qual realidade está sendo feito o plano (se é uma paróquia, uma diocese, uma pastoral ou movimento) e a ideia central do projeto, com a descrição detalhada de como foi feito o processo. Pode-se dedicar a essa etapa 25 a 30 linhas.
- **Justificativa:** mostrar os motivos pelos quais o projeto deve ser realizado. Aqui é possível utilizar elementos da Análise da Realidade para justificar. Pode-se dedicar a essa etapa 25 a 30 linhas.

- **Objetivos:**
  Objetivo Geral: o objetivo geral é o que se pretende alcançar com o projeto, ou seja, é o alvo a ser atingido. Incluir aqui apenas um tópico;
  Objetivos Específicos: já os objetivos específicos são etapas que precisam ser cumpridas para que se consiga chegar ao objetivo geral. Incluir aqui de 3 a 5 tópicos.
  Público-Alvo: descrever os públicos para o qual o projeto está destinado. Atenção para a definição dos públicos. Em comunicação, todo mundo é muita gente! Mesmo que seu plano seja para uma determinada, ou determinada paróquia, você pode detalhar as ações que serão específicas para um público, ou outro. Nem tudo o que é pensado, em nível de comunicação, precisa atingir a comunidade inteira. Por exemplo: uma formação litúrgica ou encontro com catequistas para utilização de novas mídias, terão como destinatários apenas aqueles públicos. Dedique de 5 a 10 linhas para esta etapa.
- *Metas:* as metas são basicamente as prioridades que foram identificadas no Plano da Pastoral da Comunicação. Elas nascem do objetivo que precisa ser tangível. É a definição daquilo que se pretende atingir de forma clara, específica e mensurável.

- *Ações por eixos:* neste tópico deve-se listar toda a parte prática, tudo que envolve produtos e serviços de comunicação que serão realizados/feitos. Pensar as ações para cada uma das metas/prioridades dentro da perspectiva dos quatro eixos da Pascom. Existe a metodologia de 7 perguntas, chamada 5W2H, que vai orientar o desenvolvimento das suas atividades. Elas se estruturam da seguinte forma:

5 W: **What** (o que será feito?) – **Why** (por que será feito?) – **Where** (onde será feito?) – **When** (quando?) – **Who** (por quem será feito?)

2H: **How** (como será feito?) – **How** much (quanto vai custar?)

Uma boa maneira de organizar isso é criando uma tabela, como no modelo a seguir, considerando o eixo da Produção com as ações a serem realizadas.

PRODUÇÃO						
O que	Por que	Onde	Quando	Quem	Como	Quando
Criar um website	Aumentar o acesso às informações oficiais da paróquia	Online	De 01/11 a 30/11/2021	Maria Antônia e Pedro Henrique	Por meio de uma agência	R$ 5.000,00

Atenção: uma única ação poderá ter mais de uma etapa. Então atente-se a isso e, se possível, detalhe ao máximo para que o plano possa ser mais bem executado. Quando planejamos, por mais que nos esforcemos para que seja bem cumprido, há situações imprevistas ou que fogem de nosso controle. Você perceberá que quanto mais detalhado estiver seu planejamento, menos imprevistos você terá.

- **Cronograma:** é necessário estabelecer um cronograma para a realização das ações e execução das atividades, bem como os recursos necessários para sua realização. No exemplo citado acima, estas informações já estão inseridas e facilitarão bastante a visualização do todo do projeto. Contudo, você pode listá-las como um item separado.
- **Orçamento:** o orçamento garante a sustentabilidade do projeto. É preciso prever os investimentos que deverão ser feitos nas ações de maneira bastante detalhada. Quando você organiza as ideias, prepara um plano de ação coerente e condizente com sua realidade, você tem uma bela possibilidade de execução.
- **Avaliação:** esse é o último item do projeto. Nele deve constar a periodicidade escolhida pelo grupo da Pascom para fazer a revisão e a avaliação de tudo que foi proposto no projeto. Pode-se dedicar a esta etapa de 10 a 15 linhas.

Alguns pontos de atenção para a elaboração do planejamento:

1. **Cuidado com o fazer!** Corremos o risco, ao fazer um plano de comunicação, de pensar apenas no fazer. Lembre-se que a comunicação envolve o aspecto relacional, além dos quatro eixos que sustentam a missão do agente da Pascom. O desejo aqui é que você possa pensar e planejar de forma integral. Pense, inclusive, nas ações convergentes e que podem ser feitas de forma compartilhada. O que pode ser feito de maneira conjunta com a Catequese? E com a Liturgia? Se você chamar a Juventude para tal ação? E assim por diante.

2. **Torne suas metas mensuráveis:** metas são desdobramentos dos objetivos, e é essencial que elas cumpram certos critérios para orientar as ações com precisão. Para garantir que suas metas sejam eficazes, elas devem ser específicas, mensuráveis, alcançáveis, relevantes e temporais (SMART). Essas características permitem que as metas sejam claras, facilitando o acompanhamento e a avaliação do progresso, além de garantir que todos os envolvidos compreendam o que precisa ser alcançado e em que prazo. Há uma expressão inglesa (SMART) que apresenta cinco ca-

racterísticas para que sejam mensuráveis. Em bom português:

a. Específica: direta e que não gere interpretações ambíguas;
b. Mensurável: deve ser possível quantificar ou avaliar, permitindo determinar se a meta foi atingida;
c. Alcançável: deve ser realista e viável, sem ser extremamente difícil ou fácil, mantendo a equipe motivada e comprometida;
d. Relevante: é importante para a organização alcançá-la;
e. Temporal: tem um prazo definido para ser concluída.

3. **Delegue tarefas:** analise as tarefas e classifique-as de acordo com o nível de complexidade. Dessa forma, é mais fácil conseguir delegar sem sobrecarregar nenhum membro da equipe pastoral. Desmembre as atividades mais complexas em tarefas menores, para simplificar as entregas e facilitar o monitoramento. Dê nome a cada tarefa e tenha certeza de que todos os envolvidos estão cientes daquela responsabilidade, de forma colegiada e sinodal, assim, terão mais clareza sobre seu trabalho.

5. Três chaves de leitura para compreender a missão do agente da Pastoral da Comunicação[1]

Não há comunicação real sem a presença do Espírito

Muitas pessoas e muitos grupos começam suas atividades eclesiais no fazer. De fato, a pandemia fez muitas comunidades eclesiais sentirem a necessidade da Pastoral da Comunicação e as pessoas, até de maneira improvisada, começaram a fazer transmissões de missas, criar posts para as mídias sociais. Mas, que caldo podemos extrair dessa situação? Não podemos ficar eternamente no improviso e no amadorismo e absortos na lógica do fazer. É aqui que surge um alerta!

Na pressa do fazer e na ânsia de produzir, corre-se o risco de se perder a dimensão espiritual, ainda mais necessária aos nossos dias. Muitos agentes talvez até se sintam desmotivados e não vejam mais sentido na sua

---

[1] Esses três textos foram publicados, em primeira versão, no portal: pascombrasil.org.br

atuação pastoral com a retomada das atividades presenciais. É oportuno integrar os quatro eixos de atuação da Pascom e, à luz do Espírito, ressignificar nossas atividades, garantindo-lhes plenamente o caráter evangelizador. É preciso reinventar a prática pastoral, e isso não significa recriar a comunicação. Ela está dada de forma generosa. A reinvenção consiste em mudar as práticas, desenferrujar as engrenagens acostumadas aos mesmos movimentos. Deixar de ser uma pastoral da repetição para abrir-se ao dom criador e criativo do Espírito, que sempre impulsiona novos movimentos.

É sempre necessário recordar que cada agente da Pastoral da Comunicação é um discípulo-missionário de Jesus Cristo e não apenas operador de máquinas. E para operar um equipamento, para clicar uma foto, para fazer uma live, para escrever um texto... para realizar qualquer atividade comunicativa, é preciso estar imbuído do Espírito. O DCIB afirma que "o anúncio sempre deve ser acompanhado pelo testemunho"[2]. Ora, o testemunho que o comunicador deve oferecer a sua comunidade parte de um encontro pessoal com a Pessoa de Jesus Cristo, que é renovado diariamente no exercício de seu ministério, e pela ação do Espírito Santo em sua vida.

Não é à toa que a espiritualidade é um dos eixos da Pastoral da Comunicação. Ela dá sentido aos demais (formação, produção e articulação) e constitui-se

---
2 Diretório de Comunicação da Igreja no Brasil, n. 329.

como o alicerce. Para viver a espiritualidade é preciso ter sede. O agente da Pastoral da Comunicação deve ter consciência da necessidade de intimidade com Deus, da necessidade de um encontro pessoal com o Criador, para criar raízes "na verdadeira e inesgotável fonte de onde emana o sentido profundo dessa mensagem comunicativa. A comunicação, portanto, torna-se experiência de graça, porque "o ser humano tem a possibilidade de fazer certa experiência do Absoluto que o transcende"[3].

Em uma catequese sobre a oração como relação com a Santíssima Trindade, em 17 de março de 2021, o Papa Francisco afirmou que "em cada um de nós o Espírito compõe obras originais, porque nunca há um cristão que seja completamente idêntico a outro". E como comunicar de forma sempre nova, original? Pedindo ao Espírito Santo que nos ajude, que nos torne agentes abertos à sua ação para, com Ele, comunicarmos Jesus. O Papa Francisco prossegue e nos ensina: "Não nos esqueçamos: o Espírito está presente, está presente em nós. Ouçamos o Espírito, invoquemos o Espírito. Ele é o presente que Deus nos deu. Diga ao Espírito: 'Espírito Santo, eu não sei como é o teu rosto, mas sei que és a minha força, a minha luz, que és capaz de fazer-me caminhar e ensinar-me a rezar. Vem, Espírito Santo'. Essa é uma bonita oração".

---

3 *id.*, n. 78.

Espírito Santo, sei que és capaz de me comunicar! Vem, Espírito Santo!

Carroça vazia faz mais barulho

O título deste texto vem de uma realidade tipicamente rural, interiorana, mas que é utilizada em diversas áreas do conhecimento e que inspira uma parábola chamada Carroça vazia. Eu a escolhi para falar de espiritualidade. Diz a parábola:

"Certa manhã, meu pai, muito sábio, convidou-me a dar um passeio no bosque e eu aceitei com prazer. Ele se deteve em uma clareira e depois de um pequeno silêncio me perguntou: – Além do cantar dos pássaros, você está ouvindo mais alguma coisa? Apurei os ouvidos alguns segundos e respondi: – Estou ouvindo um barulho de carroça. – Isso mesmo, disse meu pai, é uma carroça vazia... Perguntei ao meu pai: – Como pode saber que a carroça está vazia, se ainda não a vimos? – Ora, respondeu meu pai, é muito fácil saber que uma carroça está vazia por causa do barulho. Quanto mais vazia a carroça, maior é o barulho que faz".

A analogia da carroça vazia é interessante para compreender a presença do Espírito Santo na vida da Igreja após a Ascensão de Jesus. Sua vinda sela o compromisso de Jesus de que não ficaríamos órfãos. Em Pentecostes, nós celebramos a missão da Igreja.

O Evangelho de João 20,19-23 narra que Jesus, depois de saudar com a paz por duas vezes, pronuncia as seguintes palavras: "Como o Pai me enviou, também eu vos envio" (cf. v. 21).

Até aí parece que não tem muito a ver carroça vazia, aparição de Jesus, envio. Se recorremos à inspiração de São Charles de Foucauld encontramos um oportuno convite: "Nós, que queremos viver para Deus e de Deus, esvaziemo-nos de tudo o que é criado, de tudo o que não é Deus. Depois de nos ter esvaziado de tudo o que não é Deus, anunciemos seu Reino. É a vocação para todos".

Todos nós podemos nos tornar carroça vazia, fazendo um barulho tremendo, quando não a enchemos daquilo que não é o essencial. Se deixamos nela apenas nossas vaidades, desejos próprios e egoísmos, vamos ofuscar o esplendor de Deus que deve brilhar em nossa alma. Como diz o Irmão Charles, "depois de ter esvaziado de tudo o que não é Deus", devemos deixar em nossa alma, enchê-la, apenas aquilo que é Deus. Atenção! Não se trata de aprisionar Deus. Trata-se de encher-se Dele para dar sentido à vida, para comunicá-Lo. Creio que você deve conhecer pessoas cheias de Deus, não é mesmo? Pessoas que, generosa e silenciosamente, sem alardes, mostram-nos a grandeza de seu amor e o quanto estão impregnadas do Santo Espírito.

A vida de um discípulo-missionário de Jesus, aberto à ação do Espírito Santo, é uma expressão do esvaziar-se de si mesmo e um encher a carroça com aquilo que é Deus. Não dá para fazer isso sem a benfazeja graça e luz do Espírito Santo. Papa Francisco nos diz que Ele "é a Pessoa mais concreta, mais próxima, aquela que muda nossa vida". E São Paulo já nos ensina que "o Espírito vem em socorro da nossa fraqueza. É o próprio Espírito que intercede em nosso favor, com gemidos inexprimíveis. E aquele que examina os corações, sabe qual é o pensamento do Espírito, pois é de acordo com Deus que ele intercede em favor dos santos" (cf. Rm 8,26-27).

Por isso, não tenhamos medo de pedir: vem, Espírito Santo, e preenche meu ser!

Marta ou Maria?

A relação de Marta e Maria, representada pelo Evangelho de Lucas, sempre é inquietante aos cristãos. Por isso é sempre convidativo ir até a casa de Betânia, onde Jesus foi acolhido por aquelas irmãs. Os cinco versículos descritos pelo evangelista Lucas (10,38-42) são suficientes para nos interrogar com qual personagem nos identificamos: Marta ou Maria? Marta e Maria também podem ser indicativos de dois perfis de comunicadores cristãos.

A decisão é iluminada pela resposta do próprio Jesus no diálogo que tece com Marta, a partir do incômodo que lhe causa ao ver Maria sentada aos seus pés. "Marta, Marta! Tu te preocupas e andas agitada por muitas coisas. Porém, uma só coisa é necessária. Maria escolheu a melhor parte e esta não lhe será tirada" (Lc 10,41-42).

Há um detalhe, porém, antes dessa resposta que dá o tom do perfil das irmãs e que é sublinhado pelo Papa Francisco na alocução que precedeu ao *Angelus,* de 17 de julho de 2022. O versículo 39 indica que Maria "sentou-se aos pés do Senhor". Diz o Papa: "Ela não ouvia de pé, fazendo outra coisa, mas sentou-se aos pés de Jesus. Ela entendeu que Ele não é um hóspede como os outros. À primeira vista, parece que Ele veio para receber, porque precisa de comida e abrigo. Na realidade, o Mestre veio nos dar a si mesmo através de sua palavra".

Ao olhar para a resposta de Jesus endossando a atitude de Maria, corremos o risco de simplesmente ignorar Marta. O "escolher a melhor parte" é a recordação perene que deve ter o comunicador daquilo que é necessário. A hospitalidade, palavra-chave quando olhamos para esta narrativa, inspira a acolher Deus em nossa casa – física e interior –, afastando-nos de um ativismo desenfreado. É preciso se sentar aos pés de Jesus para escutar as propostas que Ele faz. Só assim a ação terá sentido. Se não paramos para escutar o que Ele quer e, também, o que a comunidade necessita, acabamos por fazer a partir de achismos ou vontades particulares, reduzindo a ação pastoral a um ato egoísta.

A dinâmica da comunicação comporta espaço para Maria e para Marta. O ativismo gera rapidamente desânimo e cansaço, pois tira a motivação do servir e este se torna apenas um trabalho. Em vez de começarmos a fazer as coisas automaticamente, como máquinas, olhemos para o Senhor, para sua Palavra, nos inspiremos no que Ele quer nos dizer. Maria nos ensina a ouvir com atenção e dedicação, Marta nos ensina a energia e a disposição. Busquemos ser Marta-Maria na comunicação!

Pistas de conclusão

As reflexões apresentadas ao longo deste livro buscam aprofundar a compreensão e a prática da Pastoral da Comunicação (Pascom) dentro do contexto de uma Igreja sinodal. A sinodalidade, conceito amplamente promovido pelo Papa Francisco, valoriza a escuta a participação e a corresponsabilidade de todos os seus membros na missão evangelizadora. Nesse sentido, a Pascom tem um papel fundamental, pois a comunicação é um elemento essencial para a vivência autêntica da sinodalidade.

Assim, quero destacar alguns elementos e convidar cada agente da Pascom, ou interessado pelo assunto, que chegou até aqui, a colocar em prática.

- **Compromisso com a escuta:** Para que a Pascom promova efetivamente a sinodalidade, é essencial que os agentes de pastoral cultivem a arte da escuta. Escutar com o "ouvido do coração" permite que todas as vozes, especialmente as marginalizadas, sejam ouvidas e valorizadas. A escuta atenta não é apenas uma técnica,

mas uma expressão de amor e respeito pelo próximo, fundamental para a construção de uma verdadeira comunhão eclesial.
- **Espiritualidade viva:** A espiritualidade é o alicerce da Pascom. Agentes que vivem uma intensa vida de oração e escuta da Palavra de Deus são capazes de comunicar de forma mais autêntica e profunda, refletindo o amor de Cristo em suas ações. A espiritualidade cristã, inspirada na Trindade, modelo de perfeita comunhão e comunicação no amor, deve estar presente em todas as atividades da Pascom, alimentando e dando sentido a todo o trabalho pastoral.
- **Formação contínua:** Investir na formação contínua dos agentes da Pascom é vital para garantir que a comunicação seja sempre atualizada, ética e eficiente. A formação deve abranger aspectos teológicos, pastorais e técnicos, capacitando os agentes para os desafios contemporâneos da comunicação. Uma formação integral, que inclua desde a compreensão dos fundamentos da comunicação até o uso das novas tecnologias, é essencial para que a Pascom possa cumprir sua missão de maneira eficaz.
- **Integração e articulação:** a Pascom deve atuar de forma integrada com todas as outras pastorais, outros movimentos e serviços da Igreja.

Essa transversalidade garante uma comunicação mais coesa e eficaz, promovendo a unidade e a participação de toda a comunidade eclesial. A articulação com outras pastorais não deve ser vista como uma tarefa adicional, mas como uma oportunidade para fortalecer a missão evangelizadora da Igreja, criando sinergias e potencializando os esforços comuns.

- **Inovação e criatividade:** A Pascom deve estar aberta ao novo, utilizando as tecnologias de comunicação de forma criativa para evangelizar. A inovação não deve ser vista como uma ameaça, mas como uma oportunidade para alcançar mais pessoas e promover o Reino de Deus de forma eficaz e atraente. Adotar novas ferramentas e plataformas pode enriquecer a mensagem evangelizadora, tornando-a mais acessível e relevante para as diversas realidades culturais e sociais.
- **Promoção de uma cultura do encontro:** Uma comunicação verdadeira e eficaz é aquela que constrói pontes, promove a compreensão mútua e fomenta a unidade, gerando uma cultura do encontro. A Pascom deve buscar sempre promover o diálogo inclusivo, garantindo que todas as vozes sejam escutadas e valorizadas. Isso implica uma postura de abertura e aco-

lhimento, onde cada pessoa é vista como um valioso membro da comunidade eclesial.

- **Combate à comunicação superficial e sensacionalista:** A Pascom deve estar atenta aos riscos de uma comunicação superficial e sensacionalista, que pode distorcer a verdade e alimentar divisões. É fundamental promover uma comunicação que seja paciente e respeitosa, que busque a verdade e promova a reconciliação, contribuindo para a construção de uma sociedade mais justa e solidária.
- **Valorização das experiências locais:** Cada comunidade tem suas próprias experiências e seus próprios desafios. A Pascom deve valorizar essas particularidades, promovendo uma comunicação que seja relevante e significativa para cada realidade local. Isso requer uma sensibilidade pastoral que reconheça e respeite as diversas culturas e os diversos contextos presentes na vida da Igreja.

Ao final, ser uma Pascom sinodal não é apenas uma adaptação às exigências de um momento específico, mas um compromisso contínuo com a missão evangelizadora da Igreja. É um chamado a todos os comunicadores para que, movidos pelo Espírito, possam contribuir para uma Igreja cada vez mais sinodal, onde todos caminham juntos na missão de anunciar o Evangelho.

Referências importantes para a Pascom

Documentos Pontifícios[1]

***Vigilanti cura* (1936)** – publicada pelo Papa Pio XI, a carta encíclica *Vigilanti cura* é considerada o primeiro documento pontifício que trata dos modernos meios de comunicação além da imprensa. É dedicada ao cinema.

***Miranda prorsus* (1957)** – desenvolve o pensamento da Igreja com ensinamentos para os "meios eletrônicos" existentes até então, cinema, rádio e televisão. Foi publicada pelo Papa Pio XII.

***Inter mirifica* (1963)** – documento do Concílio Vaticano II dedicado exclusivamente à comunicação. Foi o primeiro texto da época a adotar a expressão "comunicação social", recordando que essa deve ser considerada um processo entre seres humanos.

***Communio et progressio* (1971)** – instrução pastoral elaborada a pedido de São Paulo VI para atender

---

[1] Foram considerados os principais documentos pontifícios do século XX acerca da comunicação, elencados em ordem cronológica. Todos os documentos podem ser acessados pelo site da Santa Sé.

uma disposição presente no *Inter Mirifica*. Dividida em três partes, a instrução apresenta os meios de comunicação social na perspectiva cristã, destaca-os como fatores do progresso humano e exorta o empenho dos católicos no campo da comunicação.

Aetatis novae **(1992)** – documento publicado em comemoração ao vigésimo aniversário da *Communio et progressio*, reflete sobre as consequências pastorais das modernas "revoluções tecnológicas" e o papel das comunicações.

O Rápido Desenvolvimento **(2005)** – carta apostólica de São João Paulo II aos responsáveis pelos meios de comunicação social, retomando o caminho percorrido desde o *Inter mirifica* até então. Destaca o discernimento evangélico, compromisso missionário, renovação pastoral e o envolvimento da mídia com as grandes questões.

Documento da Santa Sé[2]

Pornografia e violência nas Comunicações Sociais. Uma resposta pastoral (1989) – apresenta os efeitos da pornografia e da violência, nas comunicações, apontando possíveis causas e soluções pastorais para o problema.

---

2 Foram considerados os principais documentos do século XX acerca da comunicação, elencados em ordem cronológica, e que foram emitidos, majoritariamente, pelo então Pontifício Conselho para as Comunicações Sociais. Com a reforma da Cúria Romana, passou a se chamar Dicastério para a Comunicação.

Critérios de colaboração ecumênica e inter-religiosa nas Comunicações Sociais (1989) – refere-se à colaboração concreta entre igrejas e religiões no campo da comunicação, com a construção de projetos comuns.

Ética na Publicidade (1997) – recorda a importância da publicidade na sociedade moderna, elencando vantagens, danos e a apresentação de princípios éticos e morais exigidos para promover o progresso autêntico e integral dos homens e de servir o bem da sociedade.

Ética nas Comunicações Sociais (2000) – destaca a comunicação social ao serviço da pessoa humana e o mau uso da comunicação no prejuízo do bem integral das pessoas. Apresenta a dimensão ética não somente no conteúdo, mas na estrutura comunicativa.

Ética na Internet (2002) – documento com algumas recomendações pastorais elaboradas a partir de áreas de preocupação e atenção da Igreja no reto uso da internet.

Igreja e Internet (2002) – apresenta as oportunidades e desafios da internet, como uma das maravilhosas invenções técnicas do século XX, com recomendações expressas aos diversos atores sociais e eclesiais para um uso virtuoso.

Rumo à presença plena: uma reflexão pastoral sobre a participação nas redes sociais (2023) – inspirado e construído a partir da parábola do Bom Samaritano, é um documento que aborda a importância da presença e atuação pastoral no ambiente digital. Foi o primeiro documento sobre comunicação assinado por um leigo.

Outras referências

ALVARENGA, Ricardo. *Comunicação da Igreja Católica na América Latina:* o que nos ensinam os documentos do Celam. São Paulo: Paulus, 2023.
BOMBONATO, Vera Ivanise. *Evangelizar é comunicar:* fundamentação bíblico-teológica da pastoral da comunicação. São Paulo: Paulinas, 2009.
CONFERÊNCIA NACIONAL DOS BISPOS DO BRASIL. *Diretório de Comunicação da Igreja no Brasil.* 4 ed. Brasília: Edições CNBB, 2023.
CONFERÊNCIA NACIONAL DOS BISPOS DO BRASIL. *Guia de Implantação da Pastoral da Comunicação.* Brasília: Edições CNBB, 2023.
GRIPP, Andréia. *Infopastoral:* o agir pastoral numa sociedade em transformação. São Paulo: Paulus, 2023.
MEDEIROS, Fernanda Faria de [et al]. *Influenciadores digitais católicos:* efeitos e perspectivas. São Paulo: Ideias & Letras; São Paulo: Paulus Editora, 2024.
PUNTEL, Joana T. *Cultura midiática e igreja:* uma nova ambiência. 2 ed. São Paulo: Paulinas, 2008.

PUNTEL, Joana T. *Comunicação:* diálogo dos saberes na cultura midiática. São Paulo: Paulinas, 2010.

PUNTEL, Joana T.; CORAZZA, Helena. *Pastoral da Comunicação:* diálogo entre fé e cultura. São Paulo: Paulinas, 2007.

PUNTEL, Joana T.; CORAZZA, Helena. *Os Papas da comunicação:* estudo sobre as mensagens do Dia Mundial das Comunicações. São Paulo: Paulinas, 2019.

SBARDELOTTO, Moisés. *E o verbo se fez bit:* a comunicação e experiências religiosas na internet. Aparecida: Editora Santuário, 2012.

SBARDELOTTO, Moisés. *E o verbo se fez rede:* religiosidades em construção no ambiente digital. São Paulo: Paulinas, 2017.

SBARDELOTTO, Moisés. *Comunicar a fé:* por quê? para quê? com quem? Petrópolis: Vozes, 2020.

SILVA, Aline Amaro da. *Catequese digital:* por onde começar? São Paulo: Paulus, 2021.

TULLIUS, Marcus (org.). *Comunicar para humanizar:* a comunicação a partir do Papa Francisco. São Paulo: Paulus, 2023.

TULLIUS, Marcus. *Esperançar:* a missão do agente da Pastoral da Comunicação. São Paulo: Paulus, 2021.

ZANON, Darlei. *Comunicar o evangelho:* panorama histórico do magistério da Igreja sobre a comunicação. São Paulo: Paulus, 2021.

ZEZINHO, Padre. *Náufragos da comunicação:* leituras para repensar a mídia religiosa. Aparecida: Editora Santuário, 2024.